AF370933

LETTRE

A son Excellence Monseigneur le Comte de

KNIPHUISEN,

Ambassadeur & Plenipotentiaire de Messieurs les Etats de Groningue & d'Omlanden pour la Paix d'UTRECHT.

Sur une piece d'or trouvée dans ses terres.

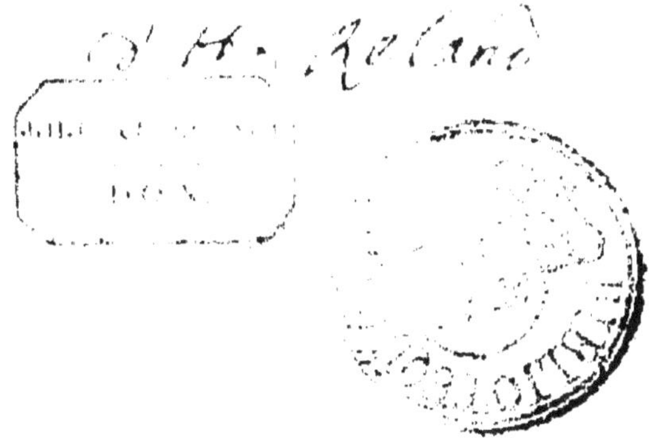

J

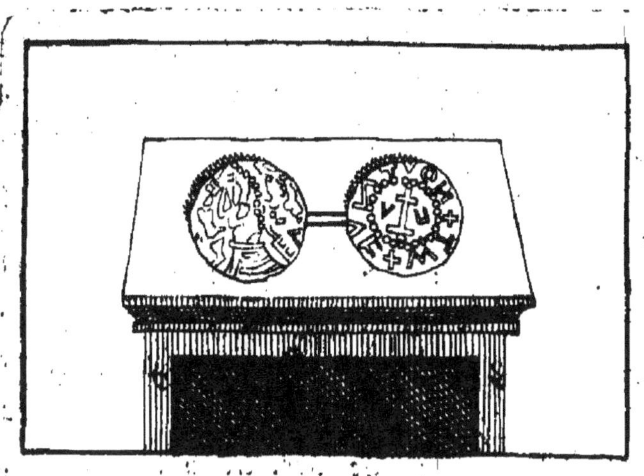

MONSEIGNEUR,

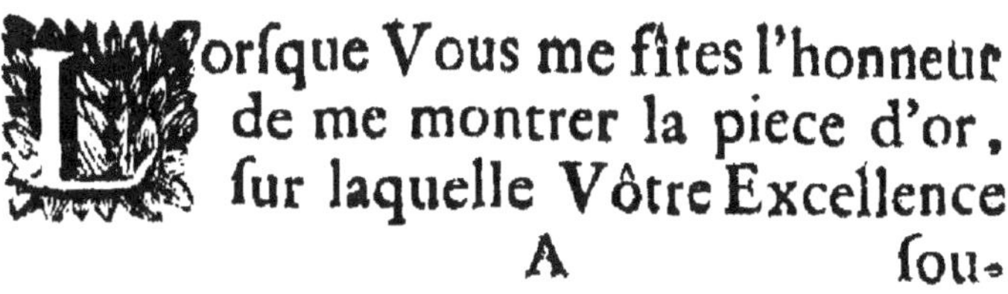

orſque Vous me fîtes l'honneur de me montrer la piece d'or, ſur laquelle Vôtre Excellence

A   ſoufouhaitoit de favoir mes fentimens, elle me dit que Schookius en avoit parlé dans fon Traité des tourbes, & m'en montra le paffage. Enfuite Vôtre Excellence me fit remarquer que Schookius s'étoit trompé à l'égard du lieu où cette piece avoit été trouvée, Nienoort n'étant pas dans le païs de Drente comme il pretend, mais dans la Province de Groningue même. * Quant à moi je

* Vôici le paffage de Mr. Schookius, *pag.* 100.

Ante annos aliquot numulus aureus, novis & eruditis ipfis ignotis characteribus diftinctus in Venis (c'eft ainfi qu'il appelle les lieux dont on prend les tourbes) *Nienortianis, quae funt in Drentia, inventus multis admirationem movit, tantique eum fecit Experientiffimus tum medicus tum fubactiffimi judicii mathematicus & Phyficus Dn. Nicolaus Mulerus, fingulare quondam hujus noftrae Academiae & totius Reipublicae literariae ornamentum, ut eundem typis exfcriptum plerifque per Europam viris doctis, cum quibus vir celeberrimus amicitiam colebat, obtulerit. Si quis vero diligentius attenderit ad varii generis characteres Gothicos, occurrentes in monumentis Danicis evulgatis & elucidatis a celeber-*

je suis perfuadé que ce n'eft pas la feule bevuë que cet Auteur a commife par rapport à cette piece. Il a crû qu'il falloit penetrer jufques dans le Nord pour la mettre dans fon jour, & chercher dans les caractères Gothiques, & dans les langues Septentrionales les lumieres necefaires pour découvrir en quel fiecle, & par qui elle a été frapée. Pour moi, qui ne prens aucun plaifir à faire de fi longs voyages fans neceffité, je ne doute pas qu'on ne puiffe trouver dequoi fe fatisfaire en quelque manïere fur ce fujet, parmi nos voifins, & peut être même fans fortir de nos Provinces : & comme cette piece s'eft trouvée en des lieux fort éloignés du Nord, il me femble qu'on devroit tâcher de découvrir fi la terre d'où elle a été tirée, & des peuples moins écartés ne lui auroient pas donné la naiffance.

A 2

II

leberrima medico & hiftorico Olao Wormio, corum veftigia in dicto numulo notare fe poffe judicabit.

Il eſt vrai que la tête du Prince, qui paroit d'un côté toute defigurée, & la croix & les lettres qu'on voit ſur le revers pourroient donner lieu de juger qu'elle doit ſon origine aux Goths, puis que l'on trouve ſur les anciennes medailles des Rois de Suede, de Dannemarc & autres, publiées en divers endroits par les Savants, des têtes de Rois tres mal faites à la maniere de ces ſiecles barbares ; & ſur le revers des croix entourées de lettres, dont il s'en trouve qui approchent aſſez de celles qu'on voit ſur cette monnoye. Cependant j'oſe me flatter qu'au cas que Vôtre Excellence veuille prendre la peine de comparer ſa piece avec celles des Rois François de la premiere race, elle rejettera abſolument le ſentiment de Schookius & me fera le plaiſir d'avouër que je la place avec juſtice entre celles que ces Rois François ont fait frapper. La croix repreſentée de cette maniere, avec une ligne qui lui ſert de ſoutien, un Globe

Globe au deſſous, & deux caracteres
à côté de cette croix, que l'on trouve dans les monnoyes de Clotaire I.
de Cheribert I. de Segebert I. de Chil-
debert II. de Dagobert & de Childe-
ric II. ne nous permettent pas de
douter que cette piece n'ait été frappée
en ce tems là. Et bien que l'on ne
puiſſe pas déterminer ſous le regne
duquel de ces Rois elle l'a été , par
ce que l'on ne peut rien diſtinguer du
côté où ſe trouve la tête du Roi, qui
puiſſe donner aſſez de lumiere à cet
égard, on ne laiſſe pas de voir que
c'eſt aux Francs & non aux Goths
qu'on doit cette piece, & en quel ſiecle on s'eſt ſervi de cette monnoye.
Je prens la liberté, Monſeigneur, de
preſenter à vos yeux quelques unes des
monnoyes de ces Rois. La premiere
eſt de Cheribert I. fils de Clotaire I.
La ſeconde & la troiſiéme de Sige-
bert I. & la quatriéme de Dagobert.
Elles ſont marquées dans la taille
douce N. 1. 2. 3. 4. & je les ai tirées du livre de Monſr. le Blanc ſur

A 3

les

les monnoyes de la France. Mais comme j'ai lieu de douter que les monnoyes reprefentées par Monfr. le Blanc
foient auffi diftinctes dans les originaux
que dans fes copies, tant à l'égard des
têtes des Rois que des caracteres, j'ai
crû devoir y en ajouter d'autres que
j'ai vuës moi même, & dans lefquelles je trouve plus de reffemblance avec
la piece de Vôtre Excellence que dans
les autres. Les quatres marquées dans
le Tableau N. 5. 6. 7. 8. font tirées du
cabinet de Monfr. de Bary , lequel
joint à la fatisfaction qu'il a d'avoir
enrichi fon cabinet d'un grand nom-
bre de medailles antiques des plus
rares, la generofité extraordinaire de
ne rien cacher au public dont on
puiffe profiter. On trouve fur la premiere marquée N. 5. d'un côté ces lettres
TRIECTO FIT & de l'autre NA-
GNONE, ou MAGNONE, MON.
Ce *Nagno Monetarius* eft un de ceux
que l'on peut ajouter aux Monetaires
inconnus, dont Monfr. le Blanc a co-
pié quelques monnoyes. La feconde
mar-

marquée N. 6. a d'un côté ces lettres au tour de la tête NAMV.. GOC
que l'on pourroit prendre pour NA-
MVRCO CIVITAS, & de l'autre
ADELEOM. Je croi qu'*Adeleo*
eſt le nom du Monetaire, & l' M la
premiere Lettre du mot *Monetarius*,
que l'on trouve ſouvent dans les monnoyes de ce ſiecle là. La troiſiéme
marquée N. 7. frappée à Wyk te Duur-
ſtede, comme cette ville ſe nomme
aujourd'hui, a d'un côté DORE-
STAT FIT. J'en ai vû une autre dans
le même cabinet ſur laquelle il y avoit
DORESTATI FIT, & une ſem-
blable dans le livre de Monſr. le Blanc
avec le même revers, & de l'autre
côté MADELINVS M. ce qui de-
ſigne le Monetaire. Le Sieur van
Engelen, Docteur en Medecine en
cette ville, & grand amateur des an-
tiquitez, m'à montré une piece d'or
du même Monetaire MADELINVS
à ce que je ſuppoſe, frappée à Utrecht,
comme il paroit par la Legende de
l'autre côté, TRAIECTO FIT,

A 4 laquel-

laquelle il a eu la bonté de me permettre de faire graver. La quatriéme piece, marquée N. 8. n'a pas les caracteres affez vifibles d'un côté pour faire connoitre le nom du Roi, mais de l'autre on voit diftinctement SPIRA FIT, marque évidente qu'elle a été frappée à Spire.

Vôtre Excellence me demandera peut être, par quelle raifon j'attribuë plûtôt les pieces dont j'ai parlé, & qui font marquées dans le tableau N. 5. & 9. à nôtre ville d'Utrecht qu'à Maftricht, puis que le nom de Trajectum eft commun à l'une & à l'autre. Il eft vrai que le nom de Trajectum, au lieu duquel il y a des gens qui fe fervent du nom barbare d'*Vltrajectum*, formé d'Out trecht ou d'Utrecht, qui fe trouve écrit dans les vieilles Chartres, & dans les anciens Archives *Vetus Trajectum*, fe donne également à Maftricht & à Utrecht : Mais je ne croi pas comme quelques Savans l'ont avancé, que les monnoyes fur lefquelles on trouve TRIEC-TO

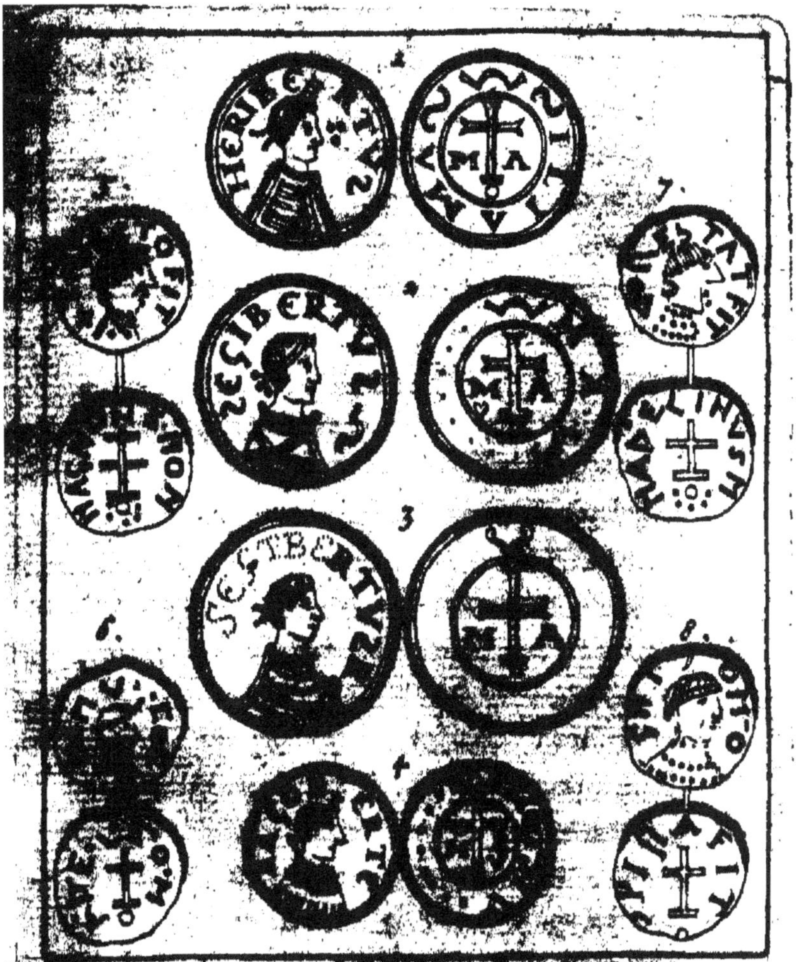

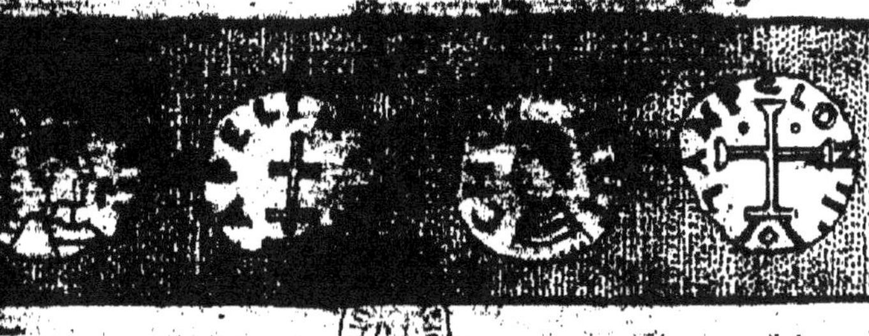

Nummi duo aurei, [illegible] prope Trajectum ad Rhenum in loco [illegible] fuit.

TO FIT , ou TRIECTO VICO
aient été frappées à Maftricht plûtôt
qu'à Utrecht. Au contraire, comme
une des pieces que j'ai reprefentées N.
9. s'eft trouvée ici , aftez pres de la
Ville , il me femble qu'il eft plus rai-
fonnable de foutenir qu'elle a été fa-
briquée ici qu'à Maftricht. Cela me
paroit d'autant plus vraifemblable que
le même nom du Monetaire MADE-
LINVS fe trouve tant fur la piece du
N 9. que fur celle du N. 7. où il y a
DORESTAT FIT : & que fous
l'Empire de Charlemagne on nom-
moit notre Ville *Vicum fubtus Dore-
ftato*. Outre cela , cette ville eft
nommée Vicus jufqu'au dixiéme fiecle , au lieu que Maftricht a été ap-
pellée *Urbs* long tems auparavant. Il
eft vrai que comme la ville de Wyc
eft fituée vis à vis de Maftricht, cela
à fait croire à Meffieurs de Valois &
Mabillon * que *Trajectus Vicus* étoit
Maftricht : Cependant Wyc & Maftricht aiant été diftinguées l'une de
A 5
l'au-

l'autre, je croi tout le contraire.* Mais retournons à la piece de Vôtre Excellence, pour examiner un peu de plus pres ce qu'elle contient.

La figure de la croix & du globe au deſſous, tire ſon origine du tems de Conſtantin, & d'une hiſtoire trop connuë pour en dire davantage.

* Mabillon de re diplomatica lib. iv. §. 144. pag. 331.

TRAJECTUM AD MOSAM.

Scriptor Gallicus qui apud Conradum Urſpergenſem villas regias a Giſleberto duce Lothariorum Carolo ſimplici ereptas memorat, iis Trajectum accenſet, ut regii fiſci partem fuiſſe nemo poſſit inſitiari. Longe antiquior ejus rei conjectura petitur ex vetuſtis regum Francorum nummis *Triecto* ſeu *Trajecto* cuſis, quorum aliquot Boterous edidit hanc Inſcriptionem, *Triecto fit*, præferentes. Suum olim pagum, ſuamque diœceſim habuit Trajectum quod ſubinde vicum caſtrum aut municipium, aliquando urbem veteres nominant. Vicum dici Trajectum ſcite advertit eruditiſſimus Valeſius ob adjunctum ipſi ſuburbium ultra pontem; quod etiamnum Wicus, *Wyc*, appellatur.

tage. Presque tous les Rois Chrétiens François de la premiere race, l'ont fait reprefenter fur leurs Monnoyes, telle que nous la voyons fur la piece de Vôtre Excellence, & fur celles dont je viens de parler. Et lors même que la croix y eft reprefentée en branches égales, on ne laiffe pas de voir le globe au deffous, aiant une ligne pour foutien. Cela fe voit dans une piece d'or, que j'ai marquée au N. 10. laquelle Monfieur de Milan Vifconti, Seigneur de Niveld, a eu la bonté de me communiquer, & de me permettre felon fa civilité ordinaire, & l'interêt qu'il prend à l'avancement des belles Lettres, de m'en fervir comme je le jugerois à propos. C'eft la même piece que Monfr. le Blanc a donnée parmi celles des Monetaires inconnus, pag. 78. n 4. Mais il a lû ΘΗΟΛΕΡΩϽ au lieu que je lis ici CHO.. ΛΕ ΕΙΤ. Ce FIT & FECIT ou FICIT eft trop connu dans les monnoyes

noyes de cet âge là pour en dire davantage. Il a aussi lû de l'autre côté
CANDELIONIM. Mais il est vi-
sible que dans nôtre piece il n'y a pas
d' I entre L & O. Dans les monnoyes de Charlemagne & de ses Succes-
seurs jusques à Hugues Capet, où
commence la troisiéme race, on voit
bien la representation d'une croix,
mais sans globe au dessous, & prefque toujours sans soutien. Aussi la
fabrique en est elle toute differente,
de sorte qu'on ne sauroit croire que la
piece de Vôtre Excellence soit de leur
tems. On voit même cette croix,
dont l'origine est duë aux premiers
Rois des Francs, à l'égard de leurs
monnoyes, dans les monnoyes battuës
en France de nos jours, mais plus di-
stincte & embellië.

Quant aux deux caracteres ΠΛ
marqués à côté de la croix, je trouve qu'il n'y en a pas de plus fre-
quens dans les monnoyes des Rois
François de la premiere race, à cô-

té

té de cette même croix, que M. A. qui semblent designer les premieres lettres du mot MASSILIA, pour marquer qu'elles ont été frappées à Marseilles; ou plûtôt MONETA AVREA. On voit même dans quelques unes de ces pieces M. AV. & dans d'autres le mot MASSILIA au tour de la croix, avec M. A. Cela feroit croire que cet M. A. signifie autre chose que *Massilia*. Voyez la dessus nôtre tableau N. 1. 2. & 4. A la verité je ne suis pas fort éloigné du sentiment que ces deux caracteres Π Λ pourroient bien designer M. A. Quant à l'Λ on ne sauroit disconvenir que l'Λ ne se trouve presque toujours sans ligne au milieu, dans la monnoye des Francs, comme un Lambda Grec. L'M a aussi quelquefois une figure semblable à celle de l'Π, comme il paroit dans la piece marquée N. 5. au mot ΠON, qui n'est autre chose que le commencement du mot *Monetario*.

On

On trouve encore la même figure dans
la piece marquée N. 6. Et comme
on voit aussi quelquefois la ligne de
l' A rompuë en deux au milieu, je croi
qu'ils ont formé la ligne qui joint les
deux colomnes de l' M tantôt droite
comme Π, tantôt coupée en deux &
faisant un angle comme en M.

Vôtre Excellence m'objectera peut-
être, qu'en prenant ces deux caracteres
là pour M. A. il faudroit tourner la
piece, & qu'ainsi la pointe de la croix
feroit en bas & le globe en haut, &
par consequent que les caracteres se-
roient renverses. Je ne repondrai pas
à cela, que j'ai trouvé effectivement
le globe au dessus de la croix dans
quelques monnoyes de cette même race des Rois des Francs, par ce que
j'ai observé le contraire dans toutes
celles qui approchent le plus en tous
égards de la piece dont il s'agit. Co-
pendant on peut produire des exem-
ples, où les deux caracteres qui se trou-
vent aux deux côtés de la croix font

pla-

placés de la forte. On n'a qu'à con-
fulter la deffus le Traité Hiftorique
des monnoyes de la France, par Mr. le
Blanc, où l'on verra à la pag. 78. n.
3. les Lettres ꛃ, qui font vifible-
ment renverfées. De plus, outre les
caracteres M. A. on trouvera encore
en feuilletant les livres de ceux qui
ont expliqué les monnoyes de France
les lettres fuivantes.

V. C.	Y. O.
L. V.	S. S.
C. V.	M. N.
V. II.	T. V.
V. A.	L. E.
V. I.	C. ⊟.

Quant aux autres caracteres qui fe
peuvent reduire à peu pres à cet or-
dre ꙩ V N V O N T W, je ne faurois en
deviner la fignification, & je croi même

me qu'il m'eſt permis de l'avouër fran-
chement, auſſi bien qu'à Mr. le Blanc
& à d'autres, qui ſe ſont attachés avec
une application toute particuliere à
expliquer les monnoyes de France, &
qui nous ont même donnés des ta-
bleaux entiers de monnoyes, dont les
legendes leur ſont abſolument inconnuës. En effet, il y a tant de villes
inconnuës, dont les noms ſont marqués ſur les monnoyes de ce tems là,
& tant de noms barbares de Monetaires, qu'on a de la peine à prononcer,
& qu'on trouve dans les pieces gra-
vées des livres de Mr. le Blanc, de
Bouterouë & d'autres, qu'il eſt abſolument impoſſible d'expliquer à fonds
tout ce qu'on lit ſur les medailles ou
monnoyes frappées dans des ſiecles ſi
éloignés du nôtre ; par des perſonnes
dont on a ſi peu de monumens anciens ; & enfin dans des lieux dont
nous n'avons qu'une connoiſſance tres
imparfaite par rapport à ces tems l.

Je ferai cependant une remarque

fur l'autre côté de la piece , qui eft que le quarré que l'on voit au bas n'eft autre chofe que l'ornement qui couvre la poitrine du bufte , lequel eft reprefenté de même dans les pieces de monnoye que j'ai copiées ; marque évidente que c'eft à ce tems là qu'il s'en faut tenir, pour trouver le veritable âge de cette piece. Quant aux lettres j'ai bien du regret que l'on n'en puiffe diftinguer que deux, & même qu'en partie. On auroit peut-être pû découvrir par ce moyen le nom du Prince qui l'a fait frapper , dont on ne fauroit juger à prefent avec certitude.

Je ne faurois au refte , me difpenfer de faire une autre remarque à l'égard du lieu, où la piece dont il s'agit a été trouvée. Vôtre Excellence m'a fait l'honneur de me dire qu'elle avoit été découverte fous terre à dix-huit piéds de profondeur, pofée fur la branche d'un arbre, femblable à ceux que l'on trouve prefque dans tous les lieux d'où l'on tire les tourbes , lesquels on suppose communément avoir été couverts d'eau & de terre par un certain deluge , du tems duquel on ne convient pas. Quant à moi je ne croi pas que le terrain ait été rehaussé dans tous les lieux, où l'on trouve de ces arbres , soit dans nôtre païs ou ailleurs. Les raisons de Mr. Schookius, dans son traité des tourbes , me paroissent assez bonnes pour prouver que ces arbres souterrains sont des productions de la nature comme les poissons à coquilles. Cette piece de monnoye peut servir au moins à refuter l'opinion de ceux qui croyent que ce deluge est arrivé avant la nativité de Jesus-Christ , puisque la piece est incontestablement plus nouvelle.

J'espere que ces remarques ne déplairont pas à Vôtre Excellence , & même qu'elles pourront servir en quelque maniere à l'intelligence de sa piece, que je croi qu'on ne pourra pas expliquer parfaitement , à moins que l'on n'en trouve une autre du même coin ,

coin , qui ait été mieux confervée.
Au refte il doit me fuffire que cette
marque de mon zele , quoi que tres
legere, m'ait procuré l'honneur de faire
connoitre à Vôtre Excellence l'ardeur
que j'ai de répondre à fes defirs , &
que je ferois ravi de le pouvoir faire
en des chofes plus importantes. Je
fupplie Vôtre Excellence d'en être
perfuadée , & de croire que je fuis
avec un profond refpect

MONSEIGNEUR

De Vôtre Excellence

Le treshumble & tres-
obeiffant Serviteur

Utrecht le 20,
Avril 1713.

H. RELAND.

www.ingramcontent.com/pod-product-compliance
Lightning Source LLC
LaVergne TN
LVHW020644180726
843502LV00006B/2236